BEI GRIN MACHT SICH IHR WISSEN BEZAHLT

- Wir veröffentlichen Ihre Hausarbeit,
  Bachelor- und Masterarbeit

- Ihr eigenes eBook und Buch -
  weltweit in allen wichtigen Shops

- Verdienen Sie an jedem Verkauf

Jetzt bei www.GRIN.com hochladen
und kostenlos publizieren

GRIN ☺

Trainingsplanung Mesozyklus und Makrozyklus. Verbesserung der Fitness, Reduzierung des Körperfettanteils und Verringerung des lokalen Schmerzen

Samira Schnabel

Bibliografische Information der Deutschen Nationalbibliothek:

Die Deutsche Nationalbibliothek verzeichnet diese Publikation in der Deutschen Nationalbibliografie; detaillierte bibliografische Daten sind im Internet über http://dnb.d-nb.de abrufbar.

ISBN: 9783346513885
Dieses Buch ist auch als E-Book erhältlich.

Druck und Bindung: Books on Demand GmbH, Norderstedt Germany
Gedruckt auf säurefreiem Papier aus verantwortungsvollen Quellen

Das vorliegende Werk wurde sorgfältig erarbeitet. Dennoch übernehmen Autoren und Verlag für die Richtigkeit von Angaben, Hinweisen, Links und Ratschlägen sowie eventuelle Druckfehler keine Haftung.

Das Buch bei GRIN: https://www.grin.com/document/1126113

Deutsche Hochschule für
Prävention und Gesundheitsmanagement

Einsendeaufgabe

Fachmodul:	Trainingslehre I
Studiengang:	B.A. (Bachelor of Arts) Fitnessökonomie
Datum Präsenzphase:	19.04.2021 bis 22.04.2021
Name, Vorname:	Schnabel, Samira
Studienort:	**Düsseldorf**
Semester:	**WS (Wintersemester) / 20**

Inhaltsverzeichnis

1 DIAGNOSE

Vor dem Beginn eines Trainings ist es vonnöten ein persönliches Gespräch mit dem Kunden zu führen. Dieses dient der Erfassung aktueller, relevanter allgemeiner und biometrischer Daten, um eine weitere Maßnahmenplanung in Hinsicht auf die aktuelle Leistungsfähigkeit sowie des aktuellen Gesundheitszustandes des Kunden zu vollziehen, und den nachstehenden Prozess bestmöglich verfolgen zu können.

1.1 Allgemeine und biometrische Daten

1.1.1 Allgemeine Daten

Innerhalb dieses persönlichen Gespräches ist darauf zu achten, wichtige Informationen bezüglich des Zeitmanagements, der aktuellen sportlichen Ausgangssituation des Kunden sowie der individuellen Trainingsmotive und Wünsche, aus welchen zu einem späteren Zeitpunkt die Ziele des Kunden herausgefiltert werden, zu erfahren.

Dies ist unerlässlich, um einen persönlichen, ideal auf den Kunden, zugeschnitten Trainingsplan zu erstellen, unter Berücksichtigung seiner individuellen Gegebenheiten (z.B. Einnahme von Medikamenten, Zeitmanagement), sodass der Kunde demgemäß keinen vermeidbaren Gefahren ausgesetzt wird.

Tab. 1: Allgemeine Daten

Alter	46 Jahre
Geschlecht	Männlich
Trainingsmotive	Reduzierung des Körperfettanteils
	Verringerung der lokalen Schmerzen
	(Unterer Rückenbereich/ Lumbalwirbelsäule
	Nackenbereich/ Cervicalwirbelsäule)
	Allgemeine Verbesserung der Fitness
	Steigerung des persönlichen Wohlbefindens
Berufliche Tätigkeit	Überwiegend sitzende Tätigkeit
	(Berufskraftfahrer mit der Fachrichtung Güterverkehr)
Aktuelle und frühere sportliche Aktivitäten	keine
Zeitlicher Verfügungsrahmen / pro Woche / pro Trainingseinheit	1 - 2 Trainingseinheiten pro Woche 60 - 90 Minuten pro Trainingseinheit

1.1.2 Biometrische Daten

Die in Tab. 2 dargestellten biometrischen Daten wurden unter anderem mit Hilfe einer bioelektrischen Impendanzanalyse (BIA-Analyse) während des persönlichen Gespräches mit dem Kunden erhoben. Infolgedessen konnten, anhand dieser BIA-Analyse, Werte wie Körpergewicht (in Kilogramm Kg), Körperfettanteil (in Prozent %) und Körperfettmasse (in Kilogramm Kg) gemessen und erfasst werden, um auf Basis dieser ein weiteres Vorgehen zu planen.

Tab. 2: Biometrische Daten

Körpergröße (in Zentimeter cm)	175 cm
Körpergewicht (in Kilogramm Kg)	83,1 Kg
Körperfettanteil (in Prozent %)	28,5 % (idealer Wert zwischen 8 % - 20 % (Gallagher, Heymnsfield, Heo, Jebb, Murgatroyd & Sakamotot, 2000))
Körperfettmasse (in Kilogramm Kg)	23,7 Kg

Blutdruck		
Bewertungsstufe	**Systolischer** Blutdruck	**Diastolischer** Blutdruck
Stufe 1 (Reimers & Völker, 2018)	140 mm/ Hg	91 mm/ Hg

Tab. 3: Allgemeine Daten bezüglich des Gesundheitszustandes

Orthopädische Probleme	Subjektives Empfinden: Lokalisierte Schmerzen (Unterer Rückenbereich/ Lumbalwirbelsäule Nackenbereich/ Cervicalwirbelsäule)
Internistische Probleme	Bluthochdruck Gastroösophagealer Reflux - Dadurch bedingtes Sodbrennen
Einnahme/ Art von Medikamenten	Pantoprazol 40mg Einnahme: Eine Tablette jeden Morgen

Der aktuelle Gesundheitszustand des Kunden lässt sich als äußerst kritisch einschätzen. Die durchgeführte Blutdruckmessung zeigt deutlich, dass der Kunde unter einer arteriellen Hypertonie Stufe 1 leidet (Reimers & Völker, 2018), entsprechend einen erhöhten Blutdruck aufweist. Fest zu halten ist zudem der Körperfettanteil des Kunden, welcher sich einem sehr hohen Bereich wieder spiegelt (Gallagher, Heymsfield, Heo, Jebb, Murgatroyd & Sakamoto, 2000).

Zurück zu führen sind diese Parameter mit höchster Wahrscheinlichkeit auf die mangelnde Bewegung sowie auf eine falsche Ernährung.

Der Kunde beschreibt ebenfalls lokalisierte Schmerzen im Bereich der Cervikal- sowie Lumbalwirbelsäule; auch diese lassen sich auf die mangelnde Bewegung und das dauernde Sitzen in Verbindung mit einer schlechten Körperhaltung zurückführen.

Bei der weiteren Planung eines Trainings ist somit darauf zu achten, den Kunden keinesfalls zu überfordern, seinen aktuellen Gesundheitszustand und die sich daraus ergebenen Schmerzen zu berücksichtigen, diese jedoch im Laufe des Trainings, durch ein effektives Aufbauen und Verbessern der umliegenden Muskulatur, sowie weiteren geeigneten Maßnahmen, zu lindern.

1.2 Krafttestung

Vor Beginn jedes Mesozyklus ist es notwendig einen geeigneten Krafttest mit dem Kunden durchzuführen, um ein passendes Gewicht für die Erstellung eines Trainingsplanes und für das darauffolgende Training zu ermitteln (Gail, 2015).

Dieser Krafttest dient nicht nur ausschließlich der Ermittlung eines passendes Trainingsgewichtes, sondern gleichermaßen der Dokumentation der zu diesem Zeitpunkt bestehenden Werte und Daten, um diese im Laufe des Makrozyklus zu vergleichen.

Ebendeshalb hat der Kunde die Möglichkeit seine, vor jedem Mesozyklus ermittelten Ergebnisse miteinander zu vergleichen, um eine Verbesserung oder eben auch eine Verschlechterung fest zu stellen.

1.2.1 Auswahl und Begründung des Krafttestverfahrens

Bei der Auswahl eines geeigneten Testverfahrens ist darauf zu achten den Kunden physisch, aber auch psychisch keinesfalls zu überfordern.

Da der bereits beschriebene Kunde keine Trainingserfahrung mit sich bringt, und somit auch ein sehr geringes subjektives Empfinden bezüglich der Auswahl des passenden Trainingsgewichtes aufweist, spielt es eine große Rolle, dem Kunden die benötigte Unterstützung zu bieten, ohne Gefahr zu laufen, ein zu geringes Gewichtsergebnis zu erhalten ferner die physische Belastungsgrenze des Kunden aus zu reizen (Eifler, 2018).

Da der Kunde bereits eine arterielle Hypertonie der Stufe 1 aufweist (Reimers & Völker, 2018), ist dringend von einem 1-RM Maximalkrafttest abzuraten, denn bei dieser Methode ist eine Pressatmung unerlässlich, diese muss jedoch unter allen Umständen bei

Bluthochdruck vermieden werden, auch um diesen nicht weiter zu erhöhen (Mathias, 2018).

Aufgrund dieser Ausführungen, fallen ein Krafttest der Intensitätsbestimmung nach dem subjektiven Belastungsempfinden, zudem ein Maximalkrafttest (1-RM Test) weg.

Ein passendes Krafttestverfahren ist in diesem Fall der Mehrwiederholungskrafttest (X-RM Test), da bei diesem Testverfahren nicht die maximal aufbringbare Kraft bis zu einem erzwungenem Muskelversagen gemessen wird (Wiskemann, Hedrich & Bannasch, 2012), sondern lediglich das maximale Gewicht zur exakten, technisch korrekten Bewältigung einer vorab festgelegten Wiederholungsanzahl (Fröhlich & Kemmler, 2019).

1.2.2 Detaillierter Ablauf der Krafttestung

Vor Beginn der Krafttestung ist es äußerst wichtig, dass sich der Kunde allgemein, aber auch spezifisch, auf bestimmte lokale Muskelgruppen bezogen, aufwärmt. Aufgrund dessen wird mit einer Aufwärmphase von 10-15 Minuten gestartet (Woods, Bishop & Jones, 2012).

Nachdem der Kunde vorbereitet, über den 15-RM Mehrwiederholungskrafttest durch den Trainer aufgeklärt, sowie ein Einstiegsgewicht, durch die subjektive Einschätzung des Kunden durch den Trainer festgelegt wurde, wird mit der ersten Übung gestartet.

Hierbei ist auf das Tempo der Übungsausführung des Kunden zu achten, sodass eine Time under Tension von 60 Sekunden insgesamt bei festgelegten 15 Wiederholungen eingehalten wird (Schema 2/0/2 ; zwei Sekunden exzentrische Bewegung + zwei Sekunden konzentrische Bewegung). Falls nötig, werden im weiteren Verlauf des 15-RM Mehrwiederholungskrafttestes pro Übung weitere ein bis zwei Sätze, mit Einhaltung einer jeweiligen Satzpause von einer Minute, mit einem angepassten Gewicht (bei nicht Erreichen der Wiederholungsanzahl = Gewicht senken; bei einfachem Überschreiten der Wiederholungsanzahl = das Gewicht erhöhen) durchgeführt.

Das Testergebnis ist dann erreicht, wenn der Kunde die genaue Anzahl an Wiederholungen, in dieser Testung festgelegte 15 Wiederholungen, schwer aber mit einer technisch korrekten Ausführung erreicht (Fröhlich & Kemmler, 2019).

1.2.3 Krafttestergebnisse

Tab. 4: Ergebnisse des 15-RM Mehrwiederholungskrafttestes des Kunden

Übungsaus-wahl	Wie-derho-lungen	Testsatz 1	Testsatz 2	Testsatz 3	Benö-tigte Tests-ätze	Tester-gebnis
		Gewicht	Gewicht	Gewicht		Gewicht

Beinpresse (sitzend) *	15	40 kg	50 kg	/	2	50 kg
Beinstre-cker*	15	15 kg	20 kg	/	2	15 kg
Beinbeuger*	15	15 kg	25 kg	/	2	25 kg
Rudern (am Kabelzug) *	15	15 kg	20 kg	25 kg	3	25 kg
Latzug*	15	15 kg	20 kg	25 kg	3	25 kg
Brust-presse*	15	10 kg	15 kg	/	2	15 kg
Schulter-presse*	15	10 kg	/	/	1	10 kg
Crunches*	15	5 kg	10 kg	15 kg	3	10 kg

* an der geführten Maschine / Station

1.2.4 Konklusion und Fazit der Krafttestung

Die in Tab. 4 dargestellten Ergebnisse, helfen dem Trainer nun anschließend, einen individuell auf den Kunden abgestimmten Trainingsplan zu erstellen.

Der Trainer ist aufgrund dieser 15-RM Mehrwiederholungskrafttest Ergebnisse in der Lage, das passende Trainingsgewicht für den Kunden zu ermitteln und Rücksicht auf seine individuellen Bedingungen und Gegebenheiten zu geben (Gail, 2015).

Die vor jedem Mesozyklus ständige Wiederholung eben dieses X-RM Mehrwiederholungskrafttestes, bietet infolgedessen dem Trainer eine Hilfestellung, ebenfalls jedoch auch dem Kunden die Möglichkeit der ständigen Kontrolle und des Vergleiches seiner Ergebnisse (Gail, 2015), und dient somit gleichermaßen einer Aufrechterhaltung der Motivation des Kunden.

Zu beachten ist jedoch, dass ausschließlich ein individueller Vergleich der Ergebnisse stattfinden kann, jedoch kein Vergleich mit Norm- oder Referenzwerten, aufgrund deren nicht vorhanden sein in Folge einer zu hohen Komplexität und Individualität.

2 ZIELSETZUNG UND PROGNOSE

2.1 Zielerfassung

Wie zu Anfang erwähnt, wurden mit Hilfe eines persönlichen Gespräches die Wünsche sowie Trainingsmotive des Kunden festgehalten. Mittels dieser, bietet sich dem Trainer die Gelegenheit gemeinsam mit dem Kunden die genau bestimmten Ziele aus eben diesen

Wünschen und Trainingsmotiven heraus zu filtern und schriftlich, realitätsnah zu veranschaulichen.

Tab. 5: Trainingsziele gefiltert aus den Wünschen und Trainingsmotiven

Inhalt	Ausmaß			Zeit
Reduzierung des Körperfett-anteiles	1,5 %	O,355 kg*	Pro Woche	
	6 %	1,422 kg*	Pro Monat	
	12 %	2,844 kg*	In zwei Monaten	Ca. 2 Monate
Blutdrucksenkung	10 - 15 mm/ Hg systolisch			
	5 - 10 mm/ Hg diastolisch			Ca. 3 Monate
Kraftsteigerung			20 %	Ca. 2 -3 Monate
				(Pluntke, 2012)

* Ausgehend von dem angegebenen Wert der Körperfettmasse in Tab. 2
Rechnung: 23,7 : 100   = 0,237
0,237 kg   x 1,5 = 0,3555 kg
0,3555 kg x   4 = 1,422 kg
1,422 kg   x   2 = 2,844 kg

2.2 Begründung der Ziele

Das Ziel der Reduzierung des Körperfettanteiles ist darin begründet, dass der Kunde bereits einen charakteristisch hohen Körperfettanteil aufweist, und sich daraus resultierend ein allgemeines Fitnessdefizit sowie ein persönliches Unwohlsein gebildet haben, welchen der Kunde entgegenwirken möchte.

Es ist ebendeshalb für den Kunden wichtig zu wissen, dass dieser ebenfalls auf weitere Faktoren Rücksicht nehmen muss, um sein gewünschtes Ziel zu erreichen. Eine Reduktion des Körperfettanteiles lässt sich nicht ausschließlich durch ein darauf spezialisiertes Training erreichen, sondern muss in jedem Fall durch eine geeignete Ernährungsumstellung ergänzt werden (Haber, 2017).

Im Weiteren, ist es für den Kunden von großer Bedeutung, seinen Blutdruck möglichst zeitnah zu senken, da sich dieser bereits in der Stufe 1 der arteriellen Hypertonie wiederspiegelt (Reimers & Völker, 2018). Jedoch beeinträchtigt diese arterielle Hypertonie nur mäßig die Belastbarkeit des Kunden; der Blutdruck sollte sich aufgrund der Anfangsphase einer Hypertonie äußerst schnell auf ein normales Niveau senken, sodass man schon nach kurzer Zeit mit einer Verbesserung rechnen kann, um sich auf die weiteren Ziele fokussieren zu können.

Bedingt durch das andauernde Sitzen und die falsche Körperhaltung, klagt der Kunde bereits über lokale Schmerzen, welche sich im Bereich der Cervikal- sowie Lumbalwirbelsäule (geschildert in Tab. 5) ausgebildet haben. Deshalb ist es von äußerster Wichtigkeit, diesen Beschwerden weitestgehend entgegen zu arbeiten, und die nachstehenden Schmerzen zu lindern.

Eine Kraftsteigerung, gerade der Rumpfmuskulatur, erscheint hierbei äußerst sinnvoll. Denn diese Muskulatur ist durch den bisherigen Bewegungsmangel ausgesprochen abgeschwächt und gewährleistet eine geringe Stützkraft.

3   TRAININGSPLANUNG MAKROZYKLUS

Tab. 6: Trainingsplanung Makrozyklus des Kunden (Beginner)

	Mesozyklus 1	Mesozyklus 2	Mesozyklus 3	Mesozyklus 4
Mesozyklusdauer	6 Wochen	6 Wochen	6 Wochen	6 Wochen
Spezifisches Trainingsziel	Kraftausdauertraining	Muskelaufbautraining (Hypertrophietraining)	Muskelaufbautraining (Hypertrophietraining)	Kraftausdauertraining
Organisationsform	GK *1 An geführten Maschinen / Stationen	GK *1 An geführten Maschinen / Stationen	GK *1 An geführten Maschinen / Stationen	GK *1 An geführten Maschinen / Stationen
Zeitmanagement / Pro Woche	2 Einheiten	2 Einheiten	2 Einheiten	2 Einheiten
Übungen / Pro Muskelgruppe	1 - 3	1 - 3	1 - 3	1 - 3
Sätze / Pro Übung	1 - 2	2 - 3	2 - 3	1 - 2
Satzpause	45 sek. - 60 sek.	2 min. – 3 min.	2 min. – 3 min.	45 sek. - 60 sek.
Wiederholungen / Pro Satz	15	12	10	20
Intensität	50 % - 70 % ILB *2 50/54/58/62/66/70	50 % - 70 % ILB *2 50/54/58/62/66/70	60 % - 80 % ILB *2 60/64/68/72/76/80	60 % - 80 % ILB *2 60/64/68/72/76/80
Bewegungstempo TUT (Time under Tension)	60 sek. 2/0/2	48 sek. 2/0/2	40 sek. 2/0/2	80 sek. 2/0/2

*1 GK = Ganzkörper
*2 ILB = Individuelle Leistungsbild Methode

3.1 Fundierung der Wahl der grundlegenden Trainingsmethode

Gewählt wurde die Individuelle Leistungsbild Methode (ILB-Methode) aufgrund der Anpassbarkeit an das Niveau eines Trainingsanfängers, gerade im höheren Alter. Die Belastungsintensität passt sich hierbei individuell an den Kunden an und eignet sich für Beginner besonders gut aufgrund der zu Anfang sehr geringen Belastungsintensität, welche sich im Laufe jedes Mesozyklus steigert. Dies hat zur Folge, dass der Kunde zu Anfang seines Trainings nicht der Gefahr einer Überbelastung ausgesetzt wird, jedoch gleichzeitig die Möglichkeit hat sich stetig zu steigern und diese Steigerung zu dokumentieren ferner zu verfolgen.

3.2 Fundierung der Wahl der grundlegenden Belastungsparameter

3.2.1 Fundierung der Belastungshäufigkeit

Die Belastungshäufigkeit des Kunden richtet sich stark nach seinem zeitlichen Verfügungsrahmen. Dieser beschränkt sich auf ausschließlich ein bis zwei Einheiten pro Woche á 60-90 Minuten.

Dieser zeitliche Verfügungsrahmen ist aufgrund seines Status als Beginner vollkommen gerechtfertigt, da gerade bei Trainings Anfängern ein geringer Reiz ausreicht, um erste signifikante Erfolge zu erzielen (Wiskemann, Hedrich & Bannasch, 2012).

3.2.2 Fundierung der Anzahl der Übungen pro Muskelgruppe

Der Kunde trainiert mit einer festgelegten Anzahl von ein bis drei Übungen pro Muskelgruppe. Dies liegt darin begründet, dass es sich bei dem Kunden um einen Anfänger mit gesundheitlichen Beschwerden handelt, sodass eine geringe Anzahl an Übungen genügt, um die angesprochene Muskulatur optimal zu trainieren. Dies bedeutet, dass der Kunde pro Muskelgruppe mindestens eine Übung absolviert, und sobald es gesundheitlich sinnvoll ist, eine bis zwei weitere Übung hinzugefügt werden.

3.2.3 Fundierung der Anzahl der Sätze pro Übung

Die Satzanzahl pro Übung wurde bereits auf ebenfalls ein bis zwei, im Falle eines Kraftausdauertrainings, wenn gleich auf zwei bis drei, im Falle eines Muskelhypertrophie Trainings, festgelegt. Dies gewährleistet, dass der Kunde weder physisch noch psychisch übermäßig strapaziert, und trotz alle dem ein optimaler Trainingsreiz gesetzt wird, zwecks der Sicherstellung einer optimalen Trainierbarkeit der angesprochenen Muskulatur.

3.2.4 Fundierung der Belastungsdauer

Trainiert wird mit einer Belastungsdauer von insgesamt 60 – 80 Sekunden (Abhängig von dem spezifischem Trainingsziel) und einer Time under Tension von vier Sekunden nach dem Schema 2/0/2 (zwei Sekunden exzentrische Arbeit + zwei Sekunden konzentrische Arbeit). Dieses Schema gewährleistet ein überlegtes und kontrolliertes Handeln des Kunden, folglich eine ordentliche Übungsausführung.

3.2.5 Fundierung der Belastungsdichte

Auch die Belastungsdichte während des Trainings richtet sich außerordentlich nach dem jeweiligem Mesozyklus. Hierbei wird Rücksicht auf das spezifische Trainingsziel, der Intensität sowie der Wiederholungsanzahl und der sich daraus ergebenen Belastungs-dauer (Time under Tension) genommen. So befinden sich die Pausenzeiten bei einem Training mit dem spezifischen Trainingsziel der Kraftausdauer in einem niedrigeren Be-reich von 45-60 Sekunden, wie die der Pausenzeiten bei einem spezifischen Trainingsziel der Muskelhypertrophie (2-3 Minuten) (Fröhlich & Kemmler, 2019). Es ist dem Kunden nahe zu legen, diese Pausenzeiten unter allen Umständen einzuhalten, um dem Körper, zugleich der Muskulatur eine gewisse Regenerationszeit aus zu setzen.

3.2.6 Fundierung der Intensität

Wie bereits erläutert, richtet sich die Trainingsintensität des Kunden nach der Individuel-len Leistungsbild Methode (ILB) welche aus dem X-RM Mehrwiederholungskrafttest ab-geleitet wird. So wird zu Beginn jedes Mesozyklus mit einer Intensität von 50% gestartet und das Ende der ersten beiden Mesozyklen mit einer Intensität von 70% eingeleitet, die zwei darauffolgenden Mesozyklen werden mit einer Intensität von 60-80 % absolviert. Dieses dient dem Nutzen einer progressiven Intensitätssteigerung (Wackerhage, Oesen, Hofmann & Tschan, 2017).

3.3 Fundierung der Organisationsform

Der Kunde trainiert in Form eines Ganzkörpertrainings. Dieses versichert das regelmä-ßige und kontinuierliche trainieren jeder wichtigen Muskelgruppe, mit einer genügend zur Verfügung gestellten Regenerationszeit.

Das Training wird an geführten Maschinen ausgeführt, von einer Station zu der nächsten. Dies bedeutet, dass ein Gerät gewechselt wird, sobald alle vorgeschriebenen Sätze an diesem Gerät ausgeführt wurden, und erst nach dem dies passiert ist, wird zu der nächsten

Übung gewechselt. Durch diesen Vorgang wird jede einzelne Muskelgruppe ausreichend optimal gereizt und trainiert.

3.4 Fundierung der Periodisierung

Geplant ist ein Training mit einer Dauer von sechs Monaten (4 x 6 Wochen = 24 Wochen) nach dem Prinzip einer linearen Periodisierung. Diese Art der Periodisierung besagt, dass von Mesozyklus zu Mesozyklus die Wiederholungszahl gesenkt, und im Zuge dessen die Intensität gesteigert wird. Die angewandte lineare Periodisierung gewährleistet eine vielfältige Reizeinwirkung auf die zu trainierende Muskulatur.

Gestartet wird das Training mit einem sechswöchigen Mesozyklus, spezifiziert auf ein Kraftausdauertraining, um den Kunden langsam, mit einer geringen Intensität an das Training zu gewöhnen, und eine Adaption der kardiovaskulären hervorzurufen. Darauf folgen zwei sechswöchige Mesozyklen, mit dem Ziel der Muskelhypertrophie, um durch einen geeigneten Muskelaufbau, ausgesprochen im Bereich der Rumpfmuskulatur, den subjektiven Schmerzen des Kunden entgegen zu wirken. Beendet wird der sechsmonatige Makrozyklus mit einem Mesozyklus, ebenfalls mit einer Dauer von sechs Wochen und ausgelegt auf die Verbesserung und die Erhaltung der Kraftausdauer des Kunden.

4 TRAININGSPLANUNG MESOZYKLUS

Tab. 7: Mesozyklus 1 des Kunden bezüglich des Kraftausdauertrainings

Mesozyklus 1	
Leistungsstufe	Beginner
Mesozyklusdauer	6 Wochen
Spezifisches Trainingsziel	Kraftausdauertraining
Organisationsform	GK*1 An geführten Maschinen / Stationen
Zeitmanagement / Pro Woche	2 Einheiten
Übungen / Pro Muskelgruppe	1 - 3
Sätze / Pro Übung	1 - 2
Satzpause (in Sekunden sek.)	45 sek. - 60 sek.
Wiederholungen / Pro Satz	15
Intensität	50 % - 70 % ILB*2 50/54/58/62/66/70
Bewegungstempo	60 sek.

TUT		2/0/2
(Time under Tension)		
*[1] Ganzkörpertraining		
*[2] Individuelle Leistungsbild Methode		

Der Kunde startet sein Training mit einem sechswöchigem Mesozyklus, welcher auf ein Kraftausdauertraining spezialisiert und fokussiert ist, um auf eine Verbesserung der Ermüdungswiderstandsfähigkeit sowie des Muskelmetabolismus abzuzielen (Fröhlich & Kemmler, 2019). In diesem Mesozyklus trainiert der Kunde in Form eines Ganzkörpertrainings mit Hilfe von geführten Maschinen. Vorab wärmt der Kunde sich allgemein, aber auch lokal vor jeder einzelnen Übung auf, um seine Verletzungsgefahr deutlich zu minimieren. Hierbei wird mit maximal zwei Übungen pro Muskelgruppe und maximal zwei Sätzen pro Übung vorgegangen, parallel 15 Wiederholungen pro Satz mit einer Time under Tension von 60 Sekunden, um den Kunden keineswegs zu überlasten. Bei der beschriebenen Time under Tension ist besonders auf ein substanziiertes und gesetztes Handeln des Kunden zu achten, um ein Bewegungstempo von vier Sekunden zu erreichen (2 Sekunden exzentrische Arbeit + 2 Sekunden konzentrische Arbeit). Zwischen jedem Satz ist es von besonderer Bedeutung eine Satzpause von 45-60 Sekunden konform einzuhalten.

Tab. 8: Mesozyklus 1 des Kunden bezüglich des Kraftausdauertrainings (Trainingsgewichtsplanung)

Mesozyklus 1								
Übungsauswahl	Wdh.[1]	15-RM Testergebnisse	Woche 1 50 % ILB[3]	Woche 2 54 % ILB[3]	Woche 3 58 % ILB[3]	Woche 4 62 % ILB[3]	Woche 5 66 % ILB[3]	Woche 6 70 % ILB[3]
Beinpresse (sitzend) [2]	15	50 kg	25 kg	27 kg	29 kg	31 kg	33 kg	35 kg
Beinstrecker [2]	15	15 kg	7,5 kg	8,1 kg	8,7 kg	9,3 kg	9,9 kg	10,5 kg
Beinbeuger [2]	15	25 kg	12,5 kg	13,5 kg	14,5 kg	15,5 kg	16,5 kg	17,5 kg
Rudern (am Kablezug) [2]	15	25 kg	12,5 kg	13,5 kg	14,5 kg	15,5 kg	16,5 kg	17,5 kg
Latzug [2]	15	25 kg	12,5 kg	13,5 kg	14,5 kg	15,5 kg	16,5 kg	17,5 kg
Brustpresse [2]	15	15 kg	7,5 kg	8,1 kg	8,7 kg	9,3 kg	9,9 kg	10,5 kg
Schulterpresse [2]	15	10 kg	5 kg	5,4 kg	5,8 kg	6,2 kg	6,6 kg	7 kg

Crunches *2	15	10 kg	5 kg 5 kg	5,4 kg 5 kg	5,8 kg 5 kg	6,2 kg 5 kg	6,6 kg 10 kg	7 kg 10 kg

*1 Wdh. = Wiederholungen
*2 An der geführten Maschine / Station
*3 Individuelle Leistungsbild Methode

Tab. 9: Mesozyklus 1 des Kunden bezüglich Kraftausdauertraining (Trainingsgewichte angepasst an die Trainingsgeräte)

Übungsauswahl	Wdh.*1	Woche 1	Woche 2	Woche 3	Woche 4	Woche 5	Woche 6
Beinpresse (sitzend) *2	15	25 kg	25 kg	30 kg	30 kg	35 kg	35 kg
Beinstrecker *2	15	5 kg	5 kg	5 kg	10 kg	10 kg	10 kg
Beinbeuger *2	15	10 kg	10 kg	15 kg	15 kg	20 kg	20 kg
Rudern (am Kablezug)*2	15	10 kg	10 kg	15 kg	15 kg	15 kg	20 kg
Latzug *2	15	10 kg	10 kg	15 kg	15 kg	15 kg	20 kg
Brustpresse *2	15	5 kg	5 kg	10 kg	10 kg	10 kg	10 kg-15kg
Schulterpresse *2	15	5 kg	5 kg	5 kg	5 kg	10 kg	10 kg
Crunches *2	15	5 kg	5 kg	5 kg	5 kg	10 kg	10 kg

*1 Wiederholungen
*2 An der geführten Maschine / Station

4.1 Ausführung der Übungsauswahl

Die Übungsauswahl des Kunden limitiert sich auf acht Übungen, um den mit dem Training beginnenden Kunden keinesfalls übermäßig zu beanspruchen zudem auszuschöpfen, und die Muskulatur optimal zu aktivieren (Fröhlich & Kemmler, 2019). Nicht nur, dass dies einer verbesserten Konzentration und Fokussierung auf die ausgewählten Übungen zugutekommt, sondern auch die Triebkraft des Kunden wird durch eine ständige Forderung ohne Überforderung aufrechterhalten.

Des Weiteren handelt es sich um ein Maschinenfokussiertes Training, da der Kunde noch nicht in der Lage ist, die nötige Ausbalancierung auf zu bringen, welche bei freien Übungen benötigt wird. Es ist enorm wichtig, dass der Trainer den Kunden genauestens in die Maschinengeführten Übungen einweist, um eine korrekte Übungsausführung des Kunden zu gewährleisten, sowie das Verletzungsrisiko zu minimieren.

Angefangen wird das geplante Training mit großen mehr gelenkigen Muskelgruppen und beendet mit kleinen eingelenkigen Übungen, um einer Vorbelastung und Ermüdung der zu benutzenden Muskulatur zu entgehen.

4.1.1 Übungsauswahl: Beinpresse (sitzend)

Das Training wird mit der komplexesten Übung gestartet, um zu gewährleisten, dass die Übung mit genügend Kraft ausgeführt werden kann, ohne die Muskulatur durch vorherige Übungen bereits zu entkräften. Diese Übung beansprucht verschiedene größere Muskelgruppen, und gleicht in der funktionellen Bewegung äußerst stark denen des Alltages, wodurch das äquivalente Bewegen eben dieses Alltages gesichert wird (Clemson, Munro, Singh, Schwenk & Becker, 2018). Desgleichen werden bestimmte Schwächen aufgrund des sitzbelasteten Alltages des Kunden ausgeglichen, aufgrund dessen die Schmerzen des Kunden wie gewünscht durch diese geeignete prophylaxe Maßnahme gelindert und weitestgehend vorgebeugt werden sowie Muskulatur gebildet werden kann.

4.1.2 Übungsauswahl: Beinstrecker

Die Übung des Beinstreckers wird als Ergänzung zu den weiteren beiden Beinübungen (Beinpresse und Beinbeuger) eingesetzt, da isolierte Übungen, in beträchtlicher Anzahl, eine muskuläre Dysbalance provozieren. Bei dem Beinstrecker wird die frontale Oberschenkelmuskulatur optimal trainiert, ohne die Kniegelenke massiv zu belasten.

4.1.3 Übungsauswahl: Beinbeuger

Der Übung Beinbeuger wird eine ähnliche Funktion zugesprochen wie die der Beinpresse. Sie dient als Ausgleich des überwiegend sitzenden Alltages des Kunden und vollzieht eine teilweise Streckung der Hüfte. Trainiert wird bei dieser Übung die Ischiocrurale Muskulatur, zu identifizieren mit der Rückseite des Oberschenkels.

4.1.4 Übungsauswahl: Rudern (am Kabelzug)

Das Training in Verbindung mit der Übung des Ruderns, bietet dem Kunden verschiedene Vorteile. Aufgrund der Durchführung dieser Übung am Kabelzug, ist der Kunde gezwungen nicht ausschließlich den hauptsächlich beanspruchten Musculus latissimus dorsi, den Musculus trapezius, den Musculus biceps brachii csowie den Musculus rhomboidei, mit seinem rhomboideus minor und seinem rhomboideus major, anzusteuern, sondern ebenfalls auf seine Rumpfmuskulatur zurück zu greifen. Dies bedeutet, dass der Kunde seine Autostabilisation umfangreich trainiert, und somit auch seinen unteren Rücken, was zu einer Schmerzlinderung eben dieses Bereiches führt.

4.1.5 Übungsauswahl: Latzug (breiterer Griff zur Brust hin)

Aufgrund der subjektiv lokalisierten Schmerzen (dargestellt in Tab. 3) des Kunden sowie der allgemeinen Fitness des Oberkörpers, trainiert der Kunde ebenfalls mit der Übung des Latzug. Diese Übung dient einerseits der Entgegenwirkung der Verspannungen im Nackenbereich, ebenfalls des Trainings des Musculus latissimus dorsi plus des unteren Teiles des Musculus trapezius (pars ascendens), des Kunden.

4.1.6 Übungsauswahl: Brustpresse

Da es sich um einen trainingsunerfahrenen Kunden handelt, wird zu Anfang mit einem Ganzkörpertraining gearbeitet. Es ist somit unerlässlich, auch den Oberkörper eingeschlossen der Brustmuskulatur zu trainieren. Aufgrund dessen wird in den Trainingsplan des Kunden die Übung der Brustpresse eingebaut. Hierbei wird eine große Gruppe an Muskeln angesprochen (Musculus pectoralis major, Musculus deltoideus mit seinem pars clavicularis, Musculus triceps brachii) und trotz dessen eine korrekte Übungsausführung gewährleistet, zudem das eventuell nötige Umgehen von Schmerzen, durch eine höhere Einstellung der Sitzposition, gesichert.

4.1.7 Übungsauswahl: Schulterpresse

In dem Trainingsplan des Kunden ist obendrein die Übung der Schulterpresse integriert. Hierbei wird vordergründig der Musculus deltoideus (pars acromialis, pars clavicularis) , zudem die tief liegende Muskulatur, welche das Schultergelenk stabilisieren, gleich zu setzen mit der Rotatorenmanschette, gestärkt. Gearbeitet wird an einer geführten Maschine, um bei dem Kunden ein Gefühl für die Übung, dazu eine gewisse Stabilisationsfähigkeit entwickeln zu können um zu einem späteren Zeitpunkt auf ein freies Schulterpressen um zu steigen.

4.1.8 Übungsauswahl: Crunches

Nicht außer Acht lassen sollte man die Bauchmuskulatur des Kunden. Die Bauchmuskulatur gilt als Teil der Rumpfmuskulatur und bietet infolgedessen , in Zusammenarbeit mit der hinteren unteren Rückenmuskulatur als Antagonist, eine stützende Funktion. Da bei dem beschriebenen Kunden die Bauchmuskulatur durch seinen beschriebenen Alltag deutlich geschwächt ist, sollte über die komplette Bewegungsamplitude trainiert werden, um durch das dadurch gewährleistete Überdehnen der Muskulatur eine optimale Trainierbarkeit zu garantieren (Valamatos, Tavares, Santos, Veloso & Mil-Homens, 2018).

5   LITERATURRECHERCHE

Folgende Ausführung beziehen sich auf die Effekte des Krafttrainings bei Diabetes mellitus Typ – 2.

5.1   Studie 1

Tab. 10: Literaturrecherche Studie 1

Studie	
Autor/ en	Pavlicek, V.
Datum der Veröffentlichung	27 November 2010
Forschungsfrage	Wie wirkt sich ein Ausdauer- sowie Krafttraining auf die kardiovaskulären Risikofaktoren aus?
Versuchsperson/ en	606 Personen, welche Diabetes mellitus Typ – 2 oder ein metabolisches Syndrom aufweisen
Versuchsaufbau	Gruppenverteilung der Personen: a) Trainingsgruppe = intensives, zweimal wöchentlich überwachtes Ausdauer- und Krafttraining 150 Minuten pro Woche Strukturierte Trainingsberatung b) Kontrollgruppe = ausschließlich strukturierte Trainingsberatung Interventionsdauer von 12 Monaten Kontrolliert und gemessen wurden kardiovaskuläre Risikoelemente.
Schlussfolgerung/ Fazit	Die Studie zeigt eindeutig, dass ein kontrolliertes, geführtes und in der Dauer festgelegtes Ausdauer- sowie Krafttraining zu einer deutlichen Verbesserung der kardiovaskulären Werte, somit zu einer Verbesserung des Diabetes mellitus Typ – 2 geführt haben. Die Ergebnisse sprechen folglich für ein Kraftorientiertes Training bei Patienten welche unter einer diagnostizierten Diabetes mellitus Typ – 2 leiden.

5.2   Studie 2

Tab. 11: Literaturrecherche Studie 2

Studie	
Autor/ en	Cauza, E., Strehblow, C., Metz-Schimmerl, S., Strasser, B., Hanusch-Enserer, U. & Kostner, K. et al.
Jahr der Veröffentlichung	2009
Forschungsfrage	Wie wirkt sich Krafttraining bei Diabetes mellitus Typ – 2 Patienten auf ihre Muskelmasse aus?

Versuchsperson/ en	20 Erwachsene (im Alter von ca. 56,4 Jahren), mit einer diagnostizierten Diabetes mellitus Typ – 2
Versuchsaufbau	Teilgenommen wurde an einem überwachten Krafttrainingsorientierten Trainingsprogramm, erstreckt über einen Zeitraum von vier Monaten. Trainiert wird mit einer Belastungshäufigkeit von drei Tagen pro Woche. Kontrolliert wurden der Muskel- zudem der Fettbereich des Musculus quadrizeps femoris, vor sowie unmittelbar nach dem Training mit Hilfe einer Computer Tomographischen Untersuchung. Ebenfalls kontrolliert und bewertet wurde der glykämische HbA1c Wert plus die anthropometrischen BMI- und Hautfaltenwerte, zu Beginn der Studie und nach Beenden dieser, vier Monate später.
Schlussfolgerung/ Fazit	Die Studie hat gezeigt, dass sich ein regelmäßiges Krafttraining signifikant positiv auf die Muskelmasse sowie auf das Muskel-Fett-Verhältnis auswirkt. Der festgestellte Zuwachs der Muskelmasse, heißt die Veränderung des Körpers, lässt sich jedoch nicht auf die kardiovaskulären Faktoren des HbA1c zurückführen.

6   Literaturverzeichnis

Gahhagher, D., Heymsfield, S. B., Heo, M., Jebb, S.A., Murgatroyd, P. R. & Sakamoto, Y. (2000). *Healthy percentage body fat ranges: an approach for developing guidelines based on body mass index.* American Journal of Clinical Nutrition. 72 (3) 694-701.

Reimers, C. D., Völker, K.. (03.07.2018) *Blutdruck (arterielle Hypertonie).* Patienteninformationen Sport in der Neurologie - Empfehlungen für Ärzte. (103-108). Abgerufen über Springer Link am 28.04.2021 von https://chquglbdo-dlblpvnjl7me3dfc.bibliothek.dhfpg.de/chapter/10.1007/978-3-662-56539-1_15

Gail, S.. (28.04.2015) *Verfahren zur Kraftdiagnostik im Gesundheits- und Fitnesssport.* Prävention und Gesundheitsförderung. 10 (235-238). Abgerufen über Springer Link am 30.04.2021 von https://chquglbdo-dlblpvnjl7me3dfc.bibliothek.dhfpg.de/article/10.1007/s11553-015-0500-7

Eifler, Prof. Dr. C.. (01.09.2018) *Hat eine Steuerung über RPE-Skalen Vorteile?* Fitness Management International. Abgerufen am 28.04.2021 von https://www.fitnessmanagement.de/fitness/hat-eine-steuerung-ueber-rpe-skalen-vorteile

Mathias, D.. (2018) *Vorsichtsmaßnahmen beim Krafttraining*. Fit und gesund von 1 bis Hundert. (106-106). Abgerufen über Springer Link am 28.04.2021 von https://chquglbdo-dlblpvnjl7me3dfc.bibliothek.dhfpg.de/chapter/10.1007/978-3-662-56307-6_89

Wiskemann, J., Hedrich, C. & Bannasch, M.. (2012) *Krafttraining*. Sport und körperliche Aktivität in der Onkologie. (131-144). Abgerufen über Springer Link am 28.04.2021 von https://chquglbdo-dlblpvnjl7me3dfc.bibliothek.dhfpg.de/chapter/10.1007/978-3-642-25066-8_13#citeas

Fröhlich, M. & Kemmler, W.. (08.05.2019) *Kraft und Krafttraining im Sport*. Bewegung, Training, Leistung und Gesundheit. (1-20). Abgerufen über Springer Link am 28.04.2021 von https://chquglbdo-dlblpvnjl7me3dfc.bibliothek.dhfpg.de/referenceworkentry/10.1007/978-3-662-53386-4_46-1

Woods, K., Bishop, P. & Jones, E.. (2012) *Warm-Up and Stretching in the Prevention of Muscular Injury*. Sports Medicine. 37 (1089-1099 (2007)). Abgerufen über Springer Link am 29.04.2021 von https://chquglbdo-dlblpvnjl7me3dfc.bibliothek.dhfpg.de/article/10.2165/00007256-200737120-00006

Pluntke, C. B. Eng.. (08.02.2021) *Arbeitsplatznahes präventives Training der die Wirbelsäule stabilisierenden Muskulatur*. Manuelle Medizin. 50 (34-42). Abgerufen über Springer Link am 01.05.2021 von https://chquglbdo-dlblpvnjl7me3dfc.bibliothek.dhfpg.de/article/10.1007/s00337-011-0898-8

Haber, P.. (15.08.2017*) Stellenwert der richtigen Ernährung*. Leitfaden zur medizinischen Trainingsberatung. (345-348). Abgerufen über Springer Link am 01.05.2021 von https://chquglbdo-dlblpvnjl7me3dfc.bibliothek.dhfpg.de/chapter/10.1007/978-3-662-54321-4_24

Wackerhage, H., Oesen, S., Hofmann, M. & Tschan, T.. (10.08.2017) *Anpassung an Krafttraining*. Molekulare Sport- und Leistungsphysiologie. (305-318). Abgerufen über Springer Link am 30.04.2021 von https://chquglbdo-dlblpvnjl7me3dfc.bibliothek.dhfpg.de/chapter/10.1007/978-3-7091-1591-6_12

Clemson, L., Munro, J., Singh, M. F., Schwenk, M. & Becker, C.. (09.04.2018) *Krafttraining. Aktiv und sicher durchs Leben mit dem LiFE Programm.* (51-90). Abgerufen über Springer Link am 28.04.2021 von https://chquglbdo-dlblpvnjl7me3dfc.bibliothek.dhfpg.de/chapter/10.1007/978-3-662-56293-2_4

Valamatos, M. J., Tavares, F., Santos, R. M., Veloso, A. P. & Mil-Homens, P.. (07.07.2018) *Influence of full range of motion vs. Equalized partial range of motion training on muscle architecture and mechanical properties.* European Journal of Applied Physiology. 118 (1969-1983). Abgerufen über Springer Link am 02.05.2021 von https://chquglbdo-dlblpvnjl7me3dfc.bibliothek.dhfpg.de/article/10.1007/s00421-018-3932-x

Pavlicek, V. (27.11.2010) *Der Effekt eines intensiven Trainingsprogramms auf die kardiovaskulären Risikofaktoren bei Typ – 2 Diabetes.* Der Diabetologe. 6 (661-662). Abgerufen über Springer Link am 28.04.2021 von https://chquglbdo-dlblpvnjl7me3dfc.bibliothek.dhfpg.de/article/10.1007/s11428-010-0668-6#citeas

Cauza, E., Strehblow, C., Metz-Schimmerl, S., Strasser, B., Hanusch-Enserer, U. & Kostner, K. et al.. (2009) *Effects of progressive strength training on muscle mass in type 2 diabetes mellitus patients determined by computed tomography.* Wiener Medizinische Wochenschrift. 159 (5-6). Abgerufen über PubMed.gov am 28.04.2021 von https://pubmed.ncbi.nlm.nih.gov/19343291/

7 Tabellenverzeichnis